Mathias Riechert, Jens Schletter

Service-orientierte Architektur in der Business Intelligence

Mathias Riechert, Jens Schletter

Service-orientierte Architektur in der Business Intelligence

GRIN Verlag

Bibliografische Information der Deutschen Nationalbibliothek: Die Deutsche Bibliothek
verzeichnet diese Publikation in der Deutschen Nationalbibliografie; detaillierte bibliografische Daten sind im Internet über http://dnb.d-nb.de/ abrufbar.

1. Auflage 2010
Copyright © 2010 GRIN Verlag
http://www.grin.com/
Druck und Bindung: Books on Demand GmbH, Norderstedt Germany
ISBN 978-3-640-91271-1

Technische Universität Dresden

Fakultät Wirtschaftswissenschaften,

Professur für Wirtschaftsinformatik,

insbes. Informationssysteme im Dienstleistungsbereich

Service-orientierte Architektur in der Business Intelligence

Seminararbeit

Vorgelegt von: Jens Schletter, Mathias Riechert

Abgabezeitpunkt: 26.03.2010

Dresden, März 2010

Inhalt

Abkürzungen I

Abbildungen II

Tabellen III

1   Einleitung.. 1

    1.1   Motivation 1

    1.2   Forschungsziel 2

    1.3   Forschungsdesign & Vorgehen.. 2

2   Definitionen... 4

    2.1   SOA - Serviceorientierte Architektur 4

    2.1.1   Definition 4

    2.1.2   Komponenten... 5

    2.1.3   Sichten 7

    2.1.4   Anwendungsbereiche, Nutzen von SOA 10

    2.2   Business Intelligence.. 10

    2.2.1   Grundbegriff.. 10

    2.2.2   Ordnungsrahmen der BI 14

3   SOA und BI 15

    3.1   SOA Grundkonzepte 15

    3.1.1   Grundkonzeptanalyse... 15

    3.1.2   Umsetzbarkeit mit BI.. 19

    3.2   BI Funktionalitäten 21

    3.2.1   Funktionalitätenanalyse.. 21

    3.2.2   Aufwand bei der Einführung von SOA-Prinzipien 23

4   Fazit... 27

    4.1   Ergebnisse... 27

    4.2   Kritische Würdigung 29

Literaturverzeichnis 30

Abkürzungen

Abkürzung	Bedeutung
BI	Business Intelligence
BSC	Balanced Scorecards
DWH	Data Warehouse
ESB	Enterprise Service Bus
KPI	Key Performance Indicator
ROI	Return-On-Investment
SOA	Service Orientated Architecture

Abbildungen

Abbildung 1: Aufbau der Arbeit 3

Abbildung 2: Facetten des Business Intelligence (Quelle: Gluchowski, 2001, S. 7) 12

Abbildung 3: Cross Industry Standard Process for Data Mining
(Quelle: Chapman u. a., 2000, S. 13) 13

Abbildung 4: BI – Ordnungsrahmen (Quelle: Kemper u. a., 2004, S. 10) 14

Abbildung 5: Einsatz von Active Warehousing (Quelle: Philippi, 2006, S. 2) 20

Abbildung 6: Aufwand der SOA Einführung bei BI-Systemen 25

Abbildung 7: BI-Ordnungsrahmen mit SOA-Einführungsaufwand 27

Tabellen

Tabelle 1: BI- Definitionen 11

Tabelle 2: SOA Grundkonzepte 15

Tabelle 3: Funktionalitätenanalyse.. 21

Tabelle 4: Umsetzung von BI Funktionalitäten mit SOA 24

Tabelle 5: Lösungsansätze für SOA-Einführungsprobleme.. 28

1 Einleitung

1.1 Motivation

Business Intelligence (BI) und Service-orientierte Architektur (SOA) gewinnen in den Führungsetagen der Unternehmen immer mehr an Bedeutung und zählen zu den vorrangigen strategischen Zielen der Chief Information Officers. Flexibilität und Transparenz sind ausschlaggebende Faktoren für den Geschäftserfolg. Firmen brauchen Einblick in ihre Geschäftsabläufe, um zu verstehen, welche Änderungen in ihren Geschäftsprozessen erforderlich sind, und müssen flexibel sein, um schnell entscheiden und reagieren zu können.

Um den geschäftlichen Nutzen von BI und SOA nicht nur zu erkennen, sondern auch den Synergieeffekt zwischen den beiden Ansätzen zu verstehen müssen sie als Schlüsselkomponenten moderner IT-Architekturen untersucht werden. Neben der Nutzung einer BI-Strategie ist es deswegen notwendig, diese auf SOA-Konzepte zu überprüfen und anzupassen. Dadurch wird eine schnelle Anpassung von Geschäftsprozessen an Veränderungen des Marktes ermöglicht ohne die Kundenanforderungen zu vernachlässigen.

Serviceorientierte Architekturen (SOA) nehmen mittlerweile einen festen Platz in Unternehmens-IT-Strategien und im Lösungsrepertoire von Softwarearchitekten ein. Heterogene Systeme entwickeln sich oft differenziert weiter. Die Beherrschung der daraus resultierenden Komplexität kann mit objektorientierten Ansätzen auf Basis der SOA-Konzepte besser organisiert werden. Doch inwieweit lässt sich dieses Potential auf das Fachgebiet der BI anwenden und umsetzen?

Herausfordernde Marktbedingungen, Globalisierung, Konkurrenzdruck und die Einführung neuer Technologien führen dazu, dass viele Unternehmen ihre Prozesse und Verfahren zur Evaluierung, zum Kauf und zur Einführung neuer Unternehmensanwendungen überdenken und überarbeiten müssen. In den letzten Jahren sind hohe Investitionen in IT-Infrastruktur, Online-Transactional-Processing (OLTP) und Enterprise-Resource-Planning (ERP) Systeme geflossen, die das Potential umfangreicher Produktivitätssteigerungen bieten.

1.2 Forschungsziel

Ziel dieser Seminararbeit soll die Untersuchung der Möglichkeiten und Grenzen des Einsatzes von SOA-Konzepten im Rahmen der BI sein. Das Forschungsziel ist dabei theoretisch mit inhaltlich-funktionalem Auftrag ausgelegt (s. Becker, Niehaves, & Knackstedt, 2004, S. 347). Aufbauend auf einer Übersicht des aktuellen Forschungsstands soll der Aufwand und die Probleme bei der Einführung von SOA Prinzipien in ein BI-System normativ kategorisiert und untersucht werden.

Daraus resultieren folgende **Forschungsfragen**:

{1} Was sind Grundkonzepte von SOA?

{2} Wie hoch ist der Aufwand für eine Einführung von SOA-Prinzipien in ein BI-System?

1.3 Forschungsdesign & Vorgehen

Die wissenschaftstheoretische Positionierung der vorliegenden Arbeit ist dem Konstruktivismus zuzuordnen. Da sich die Erkenntnisse auf eine Einordnung in den wissenschaftlichen Kontext gründen, basiert das Vorgehen auf der Kohärenztheorie.

Wie in Abbildung 1 visualisiert werden in Kapitel 2 zunächst die Begriffe SOA und BI definiert. Anschließend wird explorativ eine Liste von SOA-Grundprinzipien erstellt. Die Literaturauswahl beinhaltet sowohl Quellen aus wissenschaftlich-theoretischer Sicht, als auch praktische Case Studies, die Bezug auf konkrete Umsetzungen in Unternehmen nehmen. Das Vorgehen ist dabei dem wissenschaftlichen Prinzip der Denkmethoden zuzuordnen und deduktiv ausgelegt (vgl. Heinrich, Heinzl, & Roithmayr, 2007) und besitzt Sekundäranalysencharakter. Das zu untersuchende Problem ist von kollektiver Bedeutung. Im Fokus des Erkenntnisinteresses soll die Theorie [2] stehen, die auf einer klaren Abgrenzung der zugrundeliegenden Terminologie [1] basiert. Als Verfahren der Erkenntnisbildung wird die Abduktion [2] genutzt, da zur Beantwortung der Kernfrage eine erklärende These gebildet werden soll. Bei [1] erfolgt die Erkenntnisbildung über das Verfahren der Induktion. Die erste Forschungsfrage soll durch die Methode der

Sekundäranalyse diskutiert werden. Zur Beantwortung der zweiten Forschungsfrage wird die Methode einer argumentativ-deduktiven Analyse genutzt. Das Vorgehen ist damit als qualitativ einzuordnen und besitzt Erklärungszielcharakter.

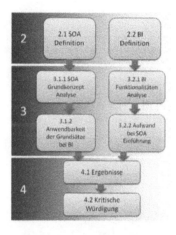

Abbildung 1: Aufbau der Arbeit

Im zweiten Teil der Arbeit wird die SOA-Einführung untersucht. Die Auswahl der zu untersuchenden BI-Funktionalitäten erfolgt über eine Sekundäranalyse. Nach der Analyse wird eine Einordnung der Ergebnisse in den Referenz - Architekturrahmen für Data Warehouses vorgenommen. Die dabei durch Generalisierung gewonnenen Hypothesen können Ausgangspunkt für zukünftige Stichprobenanalysen in Form von Befragungen sein.

2 Definitionen

2.1 SOA - Serviceorientierte Architektur

Serviceorientierte Architekturen (SOA) nehmen mittlerweile einen festen Platz in Unternehmens-IT-Strategien und im Lösungsrepertoire von Softwarearchitekten ein. Die Konzepte und Ideen hinter einer SOA sind, ausgehend von objektorientierten Ansätzen, zu einer erprobten Möglichkeit herangereift, um die Komplexität von Integrationsszenarien heterogener und sich unabhängig entwickelnder Systeme zu beherrschen.

2.1.1 Definition

SOA, oder dienstorientierte Architektur, ist ein Architekturmuster der IT aus dem Bereich der verteilten Systeme, um Dienste von Systemen zu strukturieren und zu nutzen. Im Mittelpunkt steht dabei die Orientierung an Geschäftsprozessen, deren Abstraktionsebenen die Grundlage für konkrete Serviceimplementierungen sind. Durch Zusammensetzen von Services niedriger Abstraktionsebene können so recht flexibel und unter Ermöglichung größtmöglicher Wiederverwendbarkeit Services höherer Abstraktionsebenen geschaffen werden (vgl. Liebhart, 2007, S. 18).

SOA ist kein Rezept, das Vorgaben für die Umsetzung einer Infrastruktur macht. SOA ist ein Paradigma, also ein Denkmuster, das ein Wertesystem vorgibt, mit dem jeder für sich die Art und Weise der Umsetzung bestimmen kann. Das absolute Ziel ist es, existierende IT-Infrastrukturen flexibler, agiler und effektiver zu machen (vgl. Josuttis, 2008, S. 32).

2.1.2 Komponenten

Eine SOA beinhaltet im Wesentlichen drei Rollen (vgl. Stähler, Meier, Scheuch, Schmülling, & Somssich, 2009, S. 23):

- Dienstanbieter (service provider): Bereitstellung der Schnittstelle
- Dienstnutzer (service consumer): Client, der auf den Dienst zugreift
- Verzeichnisdienst (service registry): Verwaltet Informationen über Dienste und bietet Suchmöglichkeiten an

Der Dienstanbieter veröffentlicht seinen Dienst bei einem Verzeichnisdienst. Dabei gibt er Informationen über seine Schnittstelle, seinen Ort und die Funktion des Dienstes an. Ein Anwender findet mit Hilfe des Verzeichnisdienstes einen Dienst und bindet sich an diesen um dessen Funktionalität zu nutzen.

Im Folgenden werden nun die einzelnen Komponenten der serviceorientierten Architektur näher erläutert und in Zusammenhang gebracht.

Dienst

Ein Dienst erfüllt eine Funktionalität in einem Geschäftsprozess. Bei der Auswahl von Diensten sollte berücksichtigt werden, dass diese Funktionalität wieder verwendbar, aber undetailliert ist. Ein Dienst soll einen kompletten Schritt innerhalb eines Geschäftsprozesses abbilden (vgl. Stähler u. a., 2009, S. 24).

Um die Wiederverwendbarkeit zu garantieren, muss der Dienst über eine entsprechende Schnittstelle verfügen. Diese muss plattformunabhängig sein, um von allen Hard- und Softwarearchitekturen, sowie allen Programmiersprachen angesprochen werden zu können.

Fast trivial klingt die Forderung nach Kommunikation: Es muss die Möglichkeit bestehen, auf einen Dienst zuzugreifen. Dies kann aber auf zwei unterschiedliche Arten geschehen. Ein klassischer Dienst besitzt Netzwerkschnittstellen, so dass von anderen Rechnern im Netzwerk (möglicherweise aus dem gesamten Internet) auf den Dienst zugegriffen werden

kann. Dieser Zugriff erfolgt meist durch den Austausch von Nachrichten. Der Netzwerkzugriff ist jedoch nicht zwingend notwendig. Sollen auf einem System legacy Anwendungen in die neue Software integriert werden, kann es ausreichen, wenn lediglich lokal ein Zugriff auf den Dienst ermöglicht wird.

Nachricht

Die Kommunikation zwischen Dienstanbieter und Dienstnutzer wird über Nachrichten abgehandelt. Der Dienstnutzer schickt dabei dem Dienstanbieter eine Nachricht und erhält von diesem eine Antwort (vgl. Stähler u. a., 2009, S. 25).

Wichtig ist, dass eine plattformunabhängige Nachrichten-Technologie verwendet wird, damit die Nutzung eines Dienstes nicht auf eine bestimmte Plattform eingeschränkt wird. Meistens wird daher XML ("Extensible Markup Language") verwendet, da dieses Format plattformunabhängig und sehr flexibel erweiterbar ist. Von Vorteil ist außerdem, dass es relativ einfach vom Menschen lesbar ist, was insbesondere bei der Fehlersuche helfen kann. Bibliotheken zum Parsen von XML-Dateien gibt es nahezu für jede Programmiersprache.

Zu beachten ist jedoch, dass das verwendete Nachrichtenformat substantiell ist. Wird das Format geändert, so gleicht dies einem Ändern der Schnittstelle des Dienstes, denn in diesem Fall kann der Dienstnutzer ohne Änderung seiner Programmierung nicht mehr auf den Dienst zugreifen.

Verzeichnisdienst

Ein Verzeichnisdienst hat die Aufgabe Informationen über Dienste zu verwalten. Dafür meldet sich ein Dienstanbieter am Verzeichnis an und teilt ihm dabei Informationen über seine Schnittstelle, seinen Ort und die Funktionalität seines Dienstes mit. Der

Verzeichnisdienst bietet Dienstnutzern Suchmöglichkeiten an, damit diese die von ihnen benötigten Dienste finden können (vgl. Stähler u. a., 2009, S. 25).

Für den Dienstnutzer bedeutet dies, dass er die Adresse des Dienstanbieters nicht "hart kodiert" im Programmcode speichern muss, sondern den Dienst erst zur Laufzeit wählen braucht. Dabei kann er sich dynamisch an die jeweiligen Begebenheiten anpassen und so den "kostenmäßig" günstigsten Dienst wählen oder einfach bei Ausfall eines Dienstes auf einen anderen, noch verfügbaren, zurückgreifen.

2.1.3 Sichten

Die unternehmerische Sicht

Organisationen sind meist in einer heterogenen Struktur gegliedert, die durch autonome Abteilungen bestimmt ist. Dies hat zur Konsequenz, dass sich häufig jede Abteilung ihre eigene IT-Infrastruktur beschafft. Oft kommt dann der Wunsch auf, die gesamte IT zu zentralisieren um diese gemeinsam nutzen zu können. Dabei können folgende Schwierigkeiten auftreten (vgl. Starke & Tilkov, 2007, S. 34):

- Die autonome Verwaltung der Abteilungen soll sich nach dem Willen der Entscheidungsträger auch in den Informatiksystemen widerspiegeln. Jede Abteilung will für seine eigenen Systeme verantwortlich und nicht von anderen abhängig sein.
- Im Sinne des Datenschutzes wird häufig gefordert, dass bestimmte Daten in einer Abteilung lokal gespeichert werden, diese nicht verlassen und insbesondere der Zugriff darauf fest geregelt ist. Eine Zentralisierung macht dies zwar nicht unmöglich, aber dennoch ist ein erhöhter Aufwand nötig, diesem Anspruch gerecht zu werden.
- Die Zentralisierung der Infrastruktur bedingt auch die Zentralisierung der Fehlerquellen und somit der Ausfallsicherheit. Während der Ausfall eines Systems in der bisherigen Struktur dazu führt, dass lediglich eine Abteilung nicht mehr arbeiten kann während die

restlichen Abteilungen nicht betroffen sind, ist bei Ausfall des zentralen Systems die gesamte Organisation betroffen.

- Darüber hinaus ist die Zentralisierung mit hohen Kosten verbunden, da eine komplette Umstrukturierung vorgenommen werden muss.

Um den großen Schritt zur Zentralisierung nicht gehen zu müssen, wird versucht, die bisherige Struktur beizubehalten, mit dem Ziel diese über Abteilungsgrenzen gemeinsam zu nutzen. Dabei ergeben sich auch einige Schwierigkeiten:

- Die lokale Datenhaltung führt dazu, dass auf Daten einer anderen Abteilung nicht direkt zugegriffen werden kann. Ein Dienst könnte jedoch über eine Schnittstelle bestimmte Aktionen möglichen.
- In vielen Organisationen dominieren "legacy"-Anwendungen große Bereiche der Software. Da eine Neuentwicklung zu kostspielig ist, können Dienste den Zugriff von neueren Anwendungen ermöglichen und somit die Weiternutzung der alten Anwendungen erlauben.
- Oft setzen die verschiedenen Abteilungen komplett unterschiedliche Hard- und Software ein, die eine Interaktion zwischen den dort laufenden Programmen schwierig macht. Dienste mit plattformunabhängiger Schnittstelle können den Zugriff über diese Grenzen hinweg ermöglichen.

Die softwaretechnische Sicht

Zunächst wagen wir einen Blick in die Vergangenheit: Eine kleine Geschichte der Softwareentwicklung soll uns die Sinnhaftigkeit einer dienstorientierten Architektur verdeutlichen (vgl. Starke & Tilkov, 2007, S. 36).

Zu Beginn der Softwareära wurde der Code für jede Aufgabe, d. h. für jedes Programm, neu geschrieben. Mit der Zeit wurden die Programme größer und es wurde festgestellt, dass so

unnötige Arbeit geleistet wird. Daher begann man Funktionen und Prozeduren aus alten Programmen wieder zu verwenden und übernahm diese in neue Programme. Wurde jedoch ein Fehler gefunden, war die Korrektur schwierig, da alle Programme, in denen die fehlerhafte Funktion benutzt wird, individuell angepasst werden mussten.

Um dieses Problem zu umgehen, hat man größere Programmeinheiten in Module mit klar definierten Schnittstellen aufgeteilt und in Bibliotheken gesammelt, die von verschiedenen Programmen gemeinsam genutzt werden, während Implementierungsdetails durch Datenkapselung verborgen bleiben. Aber auch dieser Ansatz hat den Nachteil, dass die fehlerkorrigierte Bibliothek auf allen Installationen, in denen die fehlerhafte Version benutzt wird, verteilt werden muss. Darüber hinaus ist ein erhöhter Verwaltungsaufwand nötig, wenn verschiedene Versionen der gleichen Bibliothek parallel installiert sein müssen.

Nun soll ein neuer Ansatz diese Probleme vermeiden. Dabei wird der Code nur noch an einem Ort gehalten, wodurch Fehlerkorrekturen nur dort durchgeführt werden müssen. Auf die Funktionalität, die der Code bereitstellt, kann aber von verschiedenen Orten zugegriffen werden. Dieser Ansatz wird von der dienstorientierten Architektur verfolgt.

Die betriebswirtschaftliche Sicht

Ein Unternehmen muss in der Lage sein, sich ständig an neue Geschäftsprozesse anzupassen – beispielsweise bedingt durch die Erschließung neuer Märkte. Dabei muss der Kontakt zu neuen Kunden aufgenommen und diese als Geschäftspartner gewonnen werden. Eine dienstorientierte Architektur erlaubt das dynamische Nutzen neuer Dienste in Geschäftsprozessen und den Zugriff auf die Dienste neuer Kunden. Vielleicht kann es sich als sehr lukrativ herausstellen, eigene Dienste seinen Kunden zu öffnen und somit eine weitere Einnahmequelle zu schaffen (vgl.Starke & Tilkov, 2007, S. 36).

2.1.4   Anwendungsbereiche, Nutzen von SOA

Es gibt eine ganze Reihe von Vorteilen, die man durch die Implementierung von SOA erwarten kann. Im Kern gibt es sieben Anwendungen, die in der Literatur mehr oder weniger angesprochen werden. Diese wurden im Rahmen der Arbeit "Business Benefits Of SOA - Eine kritische Betrachtung" (s. Reising, 2007) beschrieben. Diese Vorteile wurden dann in anderen Publikationen untersucht. Die Aufzählung von König stellt in der im Kapitel 3.1.1 folgenden Untersuchung die Grundlage dar.

Generell muss darauf hingewiesen werden, dass die allseits bekannten Vorteile der SOA nicht immer im gleichen Umfang durch die Implementierung eintreten. Das Eintreten dieser strategischen, taktischen und monetären Vorteile erfolgt stets in Abhängigkeit der angestrebten Zielsetzung eines Unternehmens. Es ist also zu beachten, welche Absichten die Implementierung von SOA verfolgt und dementsprechend differieren die zu erwartenden Vorteile von Unternehmen zu Unternehmen (vgl. Reising, 2007, S. 9).

2.2   Business Intelligence

2.2.1   Grundbegriff

Da es eine Vielzahl von verschiedenen Verständnisabgrenzungen für Business Intelligence gibt (vgl. Mertens, 2002, S. 4), erfolgt zunächst eine Gegenüberstellung verschiedener Definition in chronologischer Reihenfolge.

Tabelle 1: BI- Definitionen

Jahr	Autor	Definition
1958	Luhn, S. 314	„An automatic system is being developed to disseminate information to the various sections of any industrial, scientific or government organization. This intelligence system will utilize data-processing machines for auto-abstracting and auto-encoding of documents and for creating interest profiles for each of the 'action points' in an organization." Both incoming and internally generated documents are automatically abstracted, characterized by a word pattern, and sent automatically to appropriate action points."
1966	Greene, S. 3-40	„Business intelligence, therefore, is processed information of interest to management about present or future environment in which the business is operating."
2004	Kemper, Mehanna, & Unger, S. 8	„Unter Business Intelligence (BI) wird ein integrierter, unternehmensspezifischer, IT-basierter Gesamtansatz zur betrieblichen Entscheidungsunterstützung verstanden."
2009	Hummeltenberg, S. 1	„Business Intelligence (BI) beschreibt die auf eine Unterstützung, Durchführung und Kontrolle betrieblicher Aktivitäten ausgerichtete Intelligenz sowie die zu ihrer Erzielung ein gesetzten Konzepte, Methoden und Informationssysteme. BI-Systeme sind informationsgetriebene Entscheidungsunterstützungssysteme zur Gewinnung und Verbreitung von Erkenntnissen für und über betriebliche Abläufe."

Tabelle 1 zeigt verschiedene Definitionen sortiert in chronologischer Reihenfolge. Der Begriff Business Intelligence wurde 1958 von Hans Peter Luhn geprägt (vgl. Hummeltenberg, 2009, S. 1). Dabei wird Business als Sammlung von Aktivitäten mit Zweckbezogenheit definiert. Intelligence ist die Fähigkeit die Beziehungen von präsentierten Fakten zielorientiert darzustellen. Ziel ist die Nutzung der Informationstechnologie zur Ausführung spezieller Aktivitäten durch Bereitstellung von Informationen (vgl. Luhn, 1958, S. 314). Greene (1966, S. 3) fasste diese Definition zusammen und unterstreicht den Verarbeitungsprozess, den die Informationen durchlaufen. Aktuellere Definitionen heben den entscheidungsunterstützenden Charakter stärker hervor (vgl. Hummeltenberg, 2009, S. 1; Kemper u. a., 2004, S. 8). Diese Entwicklung trägt der praxisgetriebenen Fokussierung auf Entscheidungs Unterstützungs Systeme (EUS) und Führungs Informations Systeme (FIS) an (im Englischen Decision Support System und Management Information System), die Anfang der 1970er Jahre begann (vgl. Kemper & Baars, 2007, S. 57f.).

Durch die verteilt stattfindende Weiterentwicklung und fehlende Standardisierung entwickelte sich ein weit reichendes Spektrum von BI-Abgrenzungen, welche sich nach den verwendeten Systemen kategorisieren lassen, und in Abbildung 2 dargestellt sind:

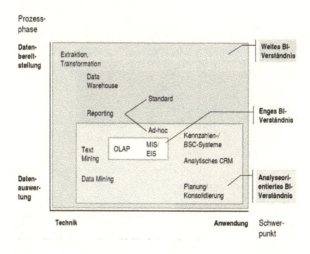

Abbildung 2: Facetten des Business Intelligence (Quelle: Gluchowski, 2001, S. 7)

Das **enge BI Verständnis** umfasst dabei nur wenige, die Entscheidungsfindung direkt unterstützende, Kernapplikationen, wie On-Line Analytical Processsing (OLAP), Management Information Systems (MIS) und Executive Information Systems (EIS) zu nennen.

Das **analyseorientierte Verständnis** umfasst zusätzlich noch Anwendungen, bei denen ein unmittelbarer Zugriff auf eine Benutzungsoberfläche mit interaktiven Funktionen enthalten ist, wie zum Beispiel analytisches Customer Relationship Management (CRM), Systeme zur Unterstützung der Planung und Konsolidierung, Text und Data Mining Systeme, sowie Ad-hoc-Reporting und Balanced Scorecards.

Das **weite BI Verständnis** umfasst alle direkt und indirekt für die Entscheidungsfindung eingesetzten Anwendungen. Sowohl Auswertungs- und Präsentationsfunktionalität als auch Datenaufbereitung und –speicherung werden dabei berücksichtigt.

(Vgl. Gluchowski, 2001, S. 222)

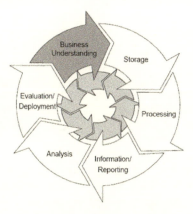

Abbildung 3: Cross Industry Standard Process for Data Mining (Quelle: Chapman u. a., 2000, S. 13)

Business Intelligence ist prozessorientiert und demnach kein einmaliges, zeitlich begrenztes Projekt sondern ein iterativer Prozess mit Rückkopplungen (vgl. Hippner & Wilde, 2006, S. 35-75).

2.2.2   Ordnungsrahmen der BI

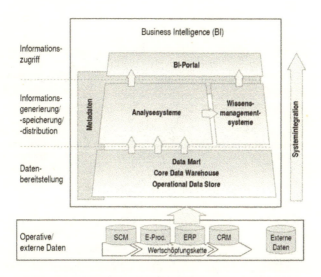

Abbildung 4: BI – Ordnungsrahmen (Quelle: Kemper u. a., 2004, S. 10)

Der Ordnungsrahmen von Kemper (Abbildung 4) bildet ein generisches Framework für BI-Systeme. Die Basis der BI-Systeme bilden konsistente, stimmige Daten, die meistens aus Core Data Warehouses und Data Marts besteht. Das Datenmaterial wird hier historisierend und voraggregiert abgelegt. Diese Daten werden zur Informationsgenerierung genutzt. Die Informationsspeicherung und Distribution bildet den Schnittpunkt zwischen BI und dem Wissensmanagement. Portale ermöglichen den personalisierten Zugriff auf die Informationen (vgl. Kemper u. a., 2004, S. 10f.).

3 SOA und BI

3.1 SOA Grundkonzepte

3.1.1 Grundkonzeptanalyse

Tabelle 2: SOA Grundkonzepte

Nummer	Grundkonzept	Reising, 2007	Liebhart, 2008	Bening, 2006	Weber, 2006	Richter, 2005
1	Wiederverwendbarkeit	X	X	X	X	X
2	Harmonisierung durch Standardisierung	X	X		X	X
3	Anbieterdiversifikation	X				X
4	Geschäfts- und Technologiefokus	X				X
5	Return-On-Investment	X	X	X	X	X
6	Flexibilität	X	X	X	X	
7	Programmieraufwandverringerung	X		X	X	

Im Folgenden werden die einzelnen Vorteile genauer untersucht (vgl. Reising, 2007, S. 9-13):

Wiederverwendbarkeit (Increased Intrinsic Interoperability) [1]:

SOA impliziert ein Design der Services, das diese wiederverwendbar macht. Achtet man beim Design von Services von Anfang an auf Wiederverwendbarkeit, eröffnet man sich beste Gelegenheiten um vorhandene Anwendungen innerhalb eines Unternehmens gewinnbringend weiter zu nutzen und entsprechend zu erweitern. Mit diesem Prinzip bei der Implementierung neuer Anwendungen entsteht eine Umgebung, in der weitere Investitionen in neue Lösungen, neue Funktionalitäten und Möglichkeiten bringen. Die Verwendung von Designstandards zur Bildung von wiederverwendbaren Services kann, auf lange Sicht gesehen, zu Kostensenkungen hinsichtlich des Integrationsaufwands führen.

Harmonisierung durch Standardisierung (Increased Federation) [2]:

Eine "federated" IT-Umgebung besteht darin, dass Ressourcen und Applikationen miteinander verbunden werden können, während sie aber individuell unabhängig und selbstbestimmt bleiben. SOA zielt darauf ab, diese Verbundenheit soweit wie möglich zu vergrößern. Dies soll über Standardisierung und kombinierbare Services erreicht werden. Unterstützt wird diese "increased federation", wenn Standardisierung als Teil des Service-Designs von Anfang an verwirklicht wird. Dies führt zu einer Harmonisierung innerhalb der IT-Umgebung, da der Ursprung einer Applikation nach ihrer Implementierung nicht mehr von Belang ist. SOA erreicht durch diese Einbindung von Legacy-Systemen ein sehr hohes Level der Verbundenheit von Services, da diese nur noch die absolut nötigen Technologien zur Ausführung von Business-Operationen verwenden. Nichts desto trotz ist der Erfolg der "Federation" von Applikationen und Anwendungen verschiedener Art und Herkunft, abhängig von der Verwendung von Servicestandards in der Designphase für Services.

Anbieterdiversifikation (Increased Vendor Diversification Options) [3]:

"Vendor Diversification" bezieht sich auf die Möglichkeit eines Unternehmens, sich einen Anbieter für Produkte und Technologieinnovationen nach dem "best-of-breed"-Prinzip auszusuchen und in die Unternehmung einzubinden. Diese Fähigkeit ist nicht grundsätzlich vorteilhaft, dennoch ist die Option auf diese Möglichkeit bei Bedarf von Vorteil. Dies erfordert allerdings, dass die zugrundeliegende technologische Architektur nicht an einen spezifischen Anbieter gebunden ist. Das Unternehmen erlangt dadurch eine strategische Position, die eine durchgehend freie Wahl für Änderungen, den Ausbau oder gar den Austausch von implementierten Technologien hat, ohne das

Gesamtkonstrukt auseinander zu reißen. Die Methode der unabhängigen Anordnung von Technologien als Services verlängert die Aktualität von IT-Systemen und vergrößert den finanziellen Gewinn von Automatisierungslösungen. "Vendor Diversification" wird zusätzlich dadurch unterstützt, dass man die Vorteile standardbasierter Anbieter neutraler Serviceframeworks ausnutzt, denn dadurch liegen der gesamten Architektur von SOA keine Kommunikationsanforderungen zugrunde. Die Nutzung von Services zur Bildung von Businessprozessen reduziert die Abhängigkeit von Anbieterplattformen.

Geschäfts- und Technologiefokus (Increased Business and Technology Domain Alignment) [4]

Inwiefern IT die Anforderungen der Geschäftsoperationen erfüllt hängt davon ab, wie genau die Operationslogik ausgedrückt ist und von den Geschäftsprozessen automatisiert wurde. Legacy-Systeme sind traditionell darauf ausgerichtet gewesen, taktischen Geschäftsanforderungen zu genügen. Dabei war die Herausforderung diese Systeme dem Wandel der Zeit anzupassen, was sich aufgrund der statischen Anordnung innerhalb der Systeme als schwierig erwies. SOA führt dazu ein neues Designparadigma ein, welches auf verschiedenen Ebenen abstrahiert. Eine der effektivsten Abstraktionen ist die Etablierung einer Serviceebene, auf welcher sich die entkapselten Businessmodelle befinden. Mit dieser Ebene ist es möglich, dass Businessprozesse als physische Services existieren. Die sich ergebenden Servicedesigns sind in der Lage, zu automatisierten Mechanismen mit BI auf höchstem Level verbunden zu werden. An dieser Stelle ermöglicht es die Interoperabilität der Services neue Kompositionen von Businessprozessen zu schaffen, die den aktuellen Anforderungen der Geschäftswelt gleichkommen.

Return-On-Invest (ROI) [5]:

Die Messbarkeit des ROI's für automatisierte Businessprozesse ist ein kritischer Faktor bei der Bestimmung der Kosteneffektivität einer Applikation. Je größer der Return, desto größer ist der Benefit einer Softwarelösung. Im Gegenzug ist die Softwarelösung sehr kostenintensiv, je geringer der Return ist. Traditionelle Applikationssilos neigen dazu, im Laufe der Zeit übermäßig anzuwachsen, was den Wartungsaufwand sehr kostspielig werden lässt. Im Gesamten betrachtet ist die Beibehaltung solcher Applikationssilos mit hohen Kosten verbunden, was für die meisten IT-Abteilungen wegen ihrer begrenzten Budgets von großer Bedeutung ist.

SOA hält für die Lösung dieses Kostenproblems das Prinzip der Wiederverwendbarkeit von Businessprozessen bereit. Um diesen Benefit zu erreichen, muss allerdings ein kostenintensiver Mehraufwand in der Designphase in Kauf genommen werden.

Flexibilität (Increased Organizational Agility) [6]:

Agilität auf Organisationsebene zielt auf die Effektivität ab, mit der ein Unternehmen auf Veränderungen in der Umwelt reagieren kann. Die Verbesserung der Agilität ist vor allem für Unternehmen des privaten Sektors attraktiv, da sie auf dieser Weise in der Lage sind, schnellstmöglich auf Veränderungen der Industrie zu reagieren bzw. Konkurrenten am Markt auszumanövrieren. Um diesen Benefit zu erreichen, arbeitet SOA zielgerichtet auf die Etablierung standardisierter und wieder verwendbarer Services zu. Sofern ein Unternehmen ein bestimmtes Serviceinventar geschaffen hat, gibt es keine Geschäftsprozesse mehr, die einer bestimmten Applikation bzw. Anwendung zuzuordnen ist. Stattdessen sind diese Services als wieder verwendbare Einheiten vorhanden und können nach Bedarf kombiniert, konfiguriert und wiederholt werden. Als Ergebnis daraus ist der Zeitaufwand um neue Geschäftsprozesse zu entwerfen reduziert und bedürfen nicht annähernd desgleichen Aufwands wie die Neuprogrammierung einer Softwarelösung. Für das Unternehmen ergibt sich daraus ein Nettogewinn in Form von verkürzter Time-To-Market und erhöhter responsiveness, was im Gesamten zu erhöhter Agilität führt.

Programmieraufwandverringerung (Reduces IT-Burden) [7]:

Unter reduced IT-Burden ist eine ganze Reihe Benefits zu verstehen, die mit der Service-Orientierung zu erreichen sind. Dazu zählen die Reduzierung von Programmieraufwand an sich, wie auch die Reduzierung von generell überflüssigem und redundantem Programmieraufwand und den dazugehörigen Kosten. Zudem entsteht durch die SOA-Governance ein geringerer Mehrverbrauch eigentlich unnötiger Ressourcen für die Ausführung eines Businessprozesses. Diese Benefits ziehen offenkundig eine größere Kosteneffektivität, wie auch eine größere Effektivität im Gesamtsystem nach sich.

3.1.2 Umsetzbarkeit mit BI

Die in Kapitel 3.1 identifizierten Ziele von SOA sollen im Folgenden hinsichtlich einer Umsetzbarkeit mit BI untersucht werden. Können die Vorteile von SOA in den Einsatz von BI integriert werden?

Die Verbindung von Business Intelligence und Geschäftsprozess-Management verspricht enormes Potenzial für die Firmen. Wiederverwendbarkeit [1] und dadurch höhere Reaktionsgeschwindigkeit [6] auf Marktveränderungen und anderen Einflüssen, weniger Verluste bei Prozessumstellungen [7] oder schnelleren Return on Investment [5]. Ein flexibles Geschäftsprozess-Management basiert dabei auf Active beziehungsweise Real Time Data Warehouse-Lösungen, die in einer Service-Orientierten Architektur verankert sind. Darauf setzt Corporate-Performance-Management (CPM) zur unmittelbaren Messung des Geschäftserfolgs auf. Den professionellen organisatorischen Rahmen dafür, schafft eine BI-Service-Organisation. Als Ergebnis entsteht ein geschlossener Kreislauf aus Analyse, Planung, Steuerung und Auswertung.

In der Praxis spielt das Thema Real Time Data Warehouse für weniger als ein Drittel der Unternehmen eine Rolle, wie in den Studien biMA 2004 und biMA 2006 von Steria Mummert Consulting festgestellt wurde. Für Active Data Warehouse, das heißt dem automatischen Anstoßen von Geschäftsprozessen durch das BI-System [1], interessieren sich nur zehn Prozent der befragten Firmen (siehe Abbildung 4). Eine konsequente Umsetzung einer BI-Lösung mit SOA ist im Moment eher selten und wird auch nur von sieben Prozent der Unternehmen geplant.

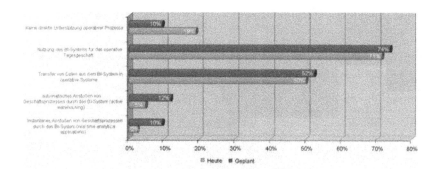

Abbildung 5: Einsatz von Active Warehousing (Quelle: Philippi, 2006, S. 2)

Neben dem strategischen Ansatz für die Zusammenführung von SOA und BI gibt es aber auch ganz pragmatische Wege, die Vorteile einer Service-Orientierten Architektur für BI zu nutzen. Ein Anwendungsbereich ist das Reporting: bei Standard-BI-Werkzeugen muss der Anwender wissen, wo die Daten liegen und wie sie anzusprechen sind. SOA-BI-Services sind dagegen Metadaten-gesteuerte Zugriffe auf semantischer Ebene. Die Informationen werden fachlich identifiziert und damit entkoppeln sie Datenspeicherung und Datenverwendung [4]. Objekte mit standardisierter Zugriffslogik sind in einer BI-SOA-Welt Kennzahlen, die über das Service Repository angesprochen werden. Das erleichtert auch verteilte Datenhaltungs-Szenarien und vereinfacht die Verwaltung von Rollen und Rechten [2]. Somit wird auch der Anwender entlastet, indem ihm diese Aufgaben abgenommen werden.

Letztlich steigt die Flexibilität [6] bei der Auswahl der Front End-Tools. So sind nicht mehr nur dedizierte BI-Tools nutzbar, sondern beispielsweise auch eine Portal-Software, die auf die BI-Services zugreift. Die Anforderungen an die Umsetzung sind in diesem Szenario allerdings hoch: Die Service-Architektur entkoppelt den Service-Ersteller vom Service-Nutzer [3]. Sie setzt dabei voraus, dass die Semantik der Services, wie zum Beispiel die Bedeutung der Kennzahlen, sauber definiert, die Zuverlässigkeit der Daten gewährleistet ist sowie Sicherheitsfragen wie Zugriffsberechtigungen gelöst sind. Letztlich greift ein Rad in das andere und nur das Zusammenspiel wird die gewünschten Ziele hervorbringen.

3.2 BI Funktionalitäten

3.2.1 Funktionalitätenanalyse

Tabelle 3: Funktionalitätenanalyse

Nummer	Funktionalität	Gluchowski, 2006	Hummeltenberg, 2009	Kemper, 2004	Michalewicz, 2007
1	Datenintegration	X		X	X
2	Datenspeicherung / Aufbereitung	X	X	X	X
3	Cockpits & Scorecards	X		X	
4	Berichtswesen	X	X	X	X
5	Ad-hoc Analyse	X		X	
6	Planung Budgetierung	X	X		X
7	Data Mining	X		X	
8	Business Performance Management	X			X

Die folgenden Funktionalitäten sind, sofern nicht explizit anders zitiert, von Gluchowski übernommen (vgl. Gluchowski, 2006, S. 92-109).

Die **Datenintegration [1]** dient der Überführung der Daten aus den verschiedenen Vorsystemen in die Datenhaltungskomponenten und analytischen Informationssysteme. Die Extraktion und Veränderung dieser Daten erfolgt in vorgegebenen Zeitintervallen. Weiterhin kann die Datenintegration zur Rückführung von Veränderten Daten aus dem Data Warehouse in operative Vorsysteme genutzt werden. Teilsysteme:

- Spezialwerkzeuge der Datenintegration wie Extract-Transformation-Load (ETL)-Anwendungen
- Module in BI-Suiten
- Datenbank-Komponenten

Die **Datenspeicherung [2]** erfolgt in für diesen Zweck aufgebauten Datenbanken. Ziel ist die Schaffung einer themenorientierten, integrierten, zeitbezogenen und dauerhaften Sammlung von Daten zur Entscheidungsunterstützung des Managements. Diese wird als **Data Warehouse** bezeichnet (vgl. Inmon, 1996, S. 85). Die **Datenaufbereitung [2]** wird durch OLAP realisiert, um die besonderen Anforderungen wie Geschwindigkeit hinsichtlich der Informationslieferung, Analysemöglichkeiten im System, Sicherheit und Komplexität hinsichtlich Berechnungen gerecht zu werden. Untersysteme:

- Data Warehouse
- OLAP

Cockpits [3] dienen der übersichtlichen und einfachen Darstellung aggregierter Information. Die Anzeige wird häufig für Browser Fenster entwickelt., und erlaubt eine individuelle Anpassung durch Modularisierung. **Balanced Scorecards (BSC) [3]** propagieren sowohl einen ganzheitlichen Blick auf die Key Performance Indicators (KPI) als auch eine Umsetzung von Visionen und Strategien in konkrete Kennzahlen und Maßnahmen.

Das **Berichtswesen [4]** umfasst die Aufgaben Berichtsdefinition, Formatierung und Abfrage sowie Informationsdistribution. Dadurch wird die Information innerhalb der Organisation weiter verbreitet.

Ad-hoc Analysen [5] ermöglichen eine interaktive Navigation und Zusammenstellung relevanter Daten „in Selbstbedienung". Es werden damit Präsentations- und Analysefunktionalitäten bereitgestellt.

Planung und Budgedierung [6] beinhaltet Forecasting, Simulation und Datenverteilung. Hier ist ein Rückschreiben der Daten in die operativen Systeme notwendig.

Data Mining [7] ist ausgelegt auf die Entdeckung von Strukturen und Mustern und verwendet Verfahren der Statistik, des maschinellen Lernens und der künstlichen Intelligenz.

Business Performance Management [8] dient der Planung, Steuerung und Kontrolle der Unternehmensleistung. Der Managementprozess umfasst also alle beschriebenen Teilaufgaben und Systemkomponenten und fordert eine Integration auf Datenebene, Modellebene und Anwendungsebene.

3.2.2   Aufwand bei der Einführung von SOA-Prinzipien

Die folgende Analyse wird auf Basis der in Kapitel 3.2 beschriebenen Funktionalitäten durchgeführt. Bewertet wird der Aufwand der Einführung von SOA – Prinzipien bei den jeweiligen Funktionalitäten. Die Einschätzung, wie hoch der Aufwand einzuschätzen ist, bezieht sich dabei auf die Aussagen die im Text zu den jeweiligen Funktionalitäten getroffen werden. Der Aufwand wird dabei in vier Kategorien eingeteilt:

	Geringer Aufwand, Viele Vorteile
	Hoher Aufwand, Viele Vorteile
	Hoher Aufwand, Umsetzung nicht sinnvoll
	Keine Aussage

Die Analyse umfasst sowohl theoretische Quellen, als auch Fallstudien aus der Praxis, wobei die Gesamtanzahl der Quellen 7 beträgt. Die Auswahl der Quellen erfolgt explorativ und kann aufgrund der geringen Stichprobengröße nicht den Anspruch der Vollständigkeit erheben. Ziel ist ein Leitfaden, der eine Aussage darüber treffen kann, bei welchen Funktionalitäten mit mehr Aufwand zu rechnen ist, und welche Probleme auftreten können.

Tabelle 4: Umsetzung von BI Funktionalitäten mit SOA

Quelle	Datenintegration	Datenspeicherung / Aufbereitung	Cockpits & Scorecards	Berichtswesen	Ad-hoc Analyse	Planung Budgetierung	Data Mining	Business Performance Management
	[1]	[2]	[3]	[4]	[5]	[6]	[7]	[8]
Hulford, 2006	S. 35[1]		S. 35	S. 35	S. 36			S. 35[2]
Frank & Baier, 2006	o. S.[3]	o. S.[4]						o. S.[5]
Philippi, 2006			S. 2[6]	S. 2[7]	S. 2			S. 1[8]
Osarek, 2007	S. 23	S. 41[9]	S. 33		S. 41			S. 41[10]
Besemer, 2007[11]	S. 37	S. 37[12]	S. 26	S. 26	S. 37	S. 27		
Wu, Barash, & Bartolini, 2007	S. 4[13]	S. 4[14]	S. 5	S. 5	S. 4			S. 4
Hanniman, 2008	S. 25	S. 25		S. 25	S. 25			

---

[1] Der ETL Prozess muss komplett überarbeitet werden um der Serviceorientierung gerecht zu werden.
[2] Security Standards und Überwachungsmechanismen müssen angepasst werden.
[3] Überschrift: **Java Business Integration & ESB**. Genutzt wird der Java Business Integration Standard, um Integrationssysteme entlang einer SOA-Linie zu realisieren.
[4] Die BI-Architektur kann mittels eines Enterprise Service Bus realisiert werden.
[5] Die Latenzzeiten werden verringert, da statt Batch Jobs Services genutzt werden. Die Überwachung wird transparenter. Siehe Überschrift: **Konzept integrative Lösungsarchitektur/ Zusammenspiel ESB + BI.**
[6] Flexible Portale nutzen verschiedene Services. Deshalb müssen viele Bereitstellungsmechanismen überarbeitet werden.
[7] Durch Entkopplung können Reports flexibler generiert werden.
[8] SOA Governance resultiert im BI Umfeld in einer hohen Komplexität.
[9] Anforderungen sind besseres Datenqualitätsmanagement und höhere DWH Systemverfügbarkeiten.
[10] Kritischer wird insbesondere die Datensicherheit und Ausfallzeiten.
[11] Besemer weist besonders auf die personelle Probleme bei der Einführung von SOA für BI hin, die hier unberücksichtigt bleiben.
[12] Notwendig ist die Nutzung von Standard Middleware um wiederverwendbare Services zu erstellen.
[13] Der ETL Prozess wird auf einzelne Services verteilt um die Wiederverwendbarkeit zu erhöhen.
[14] Die Lösung ist mittels eines „integrated centralized integrated reporting data store" realisiert worden.

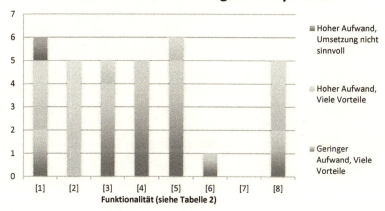

Aufwand der SOA Nutzung bei BI-Systemen   n=7

Abbildung 6: Aufwand der SOA Einführung bei BI-Systemen

Abbildung 6 zeigt den Aufwand grafisch dargestellt in Form eines Balkendiagrammes. Die Funktionalitäten **Datenintegration[1]** und **Datenspeicherung / Aufbereitung [2]** verursachen innerhalb eines BI-Systems die meisten Kosten und bieten deshalb enormes Kostensparpotential durch Einsatz des SOA Ansatzes. Sie sind dabei deutlich aufwendiger als die Anwendungen über **Cockpits & Scorecards [3]**, **Berichtswesen [4]**, **Ad-hoc Analyse [5]**. Die Datenintegration wird von allen Funktionalitäten am kontroversesten diskutiert. Die Meinungen reichen hier von SOA Einsatz hier nicht sinnvoll (vgl. Osarek, 2007, S. 23), bis relativ einfache Umsetzung durch Nutzung von Standardwerkzeugen. Dass die Funktionalitäten [3]-[5] mit vergleichsweise geringen Aufwand umsetzbar sind, liegt in ihrer serviceorientierten Natur begründet. So sind Cockpits z.B. schon individuell zusammenstellbar (vgl. Gluchowski, 2006, S. 98).

Interessant ist auch, dass die **Planung & Budgetierung [6]** sowie das **Data Mining [7]** fast nicht diskutiert werden (nur eine bzw. keine Nennung) während alle anderen Funktionalitäten zentrale Punkte sind. Dafür gibt es drei mögliche Erklärungen:

1. Der Bedarf die Wiederverwendbarkeit zu erhöhen ist nicht groß genug
2. Die Datenbasis ist bislang nicht SOA-orientiert. Eine Umstellung in den Bereichen ist erst sinnvoll, sobald dieser Schritt umgesetzt ist.
3. Die klassischen Anwendungsgebiete von SOA liegen eher in den Bereichen [1]-[5], da diese auch bei anderen Applikationen auftreten.

4 Fazit

4.1 Ergebnisse

Die Beantwortung der ersten Forschungsfrage ({1} Was sind Grundkonzepte von SOA?) ergibt sich aus der in Kapitel 3.1.1 diskutierten Tabelle. Um die zweite Forschungsfrage ({2} Wie hoch ist der Aufwand für eine Einführung von SOA-Prinzipien in ein BI-System?) zu beantworten muss die Auswertung in Kapitel 3.2.2 differenziert werden. Der Aufwand ist je nach Funktionalität unterschiedlich hoch einzuordnen. Die Einordnung in den Ordnungsrahmen ergibt folgendes Darstellungsschema:

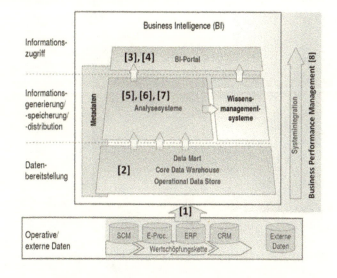

Abbildung 7: BI-Ordnungsrahmen mit SOA-Einführungsaufwand

Wie Abbildung 7 zeigt, ist der Aufwand besonders im Datenintegrations- [1] und Datenbereitstellungsteil [2] als hoch einzustufen. Auch das umfassende serviceorientierte Business Performance Management [8] ist aufgrund der hohen Komplexität aufwendig umzusetzen. Die Portale [3], [4] und die Analysewerkzeuge [5], [6], [7] sind laut Literatur einfacher umzusetzen, da sie zum großen Teil schon serviceorientiert sind. Planungs- und Data Miningwerkzeuge stehen bislang weniger im Fokus der Untersuchung und bieten noch viel Potential.

Tabelle 5 zeigt eine Auflistung von resultierenden Problemlösungsansätzen. Diese Liste ergibt sich aus den in der Literatur angegebenen Ansätzen. Die angegebenen Möglichkeiten müssen allerdings noch empirisch validiert werden.

Tabelle 5: Lösungsansätze für SOA-Einführungsprobleme

	Lösung
[1] - Datenintegration	- Überarbeitung ETL Prozess, um Serviceorientierung zu verstärken - Java Business Integration & Enterprise Service Bus (ESB), um Integrationssysteme entlang einer SOA-Linie zu realisieren.
[2] - Datenspeicherung / Aufbereitung	- Realisierung der BI-Architektur mittels eines ESB - besseres Datenqualitätsmanagement und höhere DWH Systemverfügbarkeiten - Nutzung von Standard Middleware um wiederverwendbare Services zu erstellen
[8] - Business Performance Management	- Anpassung von Security Standards und Überwachungsmechanismen - Datensicherheit erhöhen und Ausfallzeiten minimieren

4.2 Kritische Würdigung

Vorliegende Arbeit ist betreffend der Erkenntnisfindung explorativ aufgebaut. Die gewonnenen Erkenntnisse müssen noch durch empirische Nachweisverfahren validiert werden. Die untersuchten Praxisberichte und Literaturquellen sind nur bedingt repräsentativ, da die Stichprobenanzahl von sieben Stück zu klein ist um die gesamte Bandbreite an Einschätzungen zu dem Thema abzudecken. Dennoch sind deutliche Unterschiede im Aufwand der SOA Einführung ersichtlich. Ein interessanter Ansatzpunkt für weitere Forschungen im Feldstudienbereich bilden auch die Unterschiede zwischen theoretischer Einschätzung und praktischer Umsetzung.

Ergebnis der Analyse einer SOA-Einführung im BI-Umfeld ist eine differenzierte Aufwandsübersicht mit Lösungsansätzen für zu erwartende Probleme. Diese sind als Leitfaden für eine Einführung denkbar. Die Integration von SOA Prinzipien in BI-Systeme ist ein sehr vielschichtiges Forschungsgebiet mit großem Potential für Firmen. Auch im öffentlichen und wissenschaftlichen Bereich bietet die Untersuchung der Folgefragen vielfältige Möglichkeiten, um bestehende Systeme zu erweitern. Bislang fehlt es besonders an repräsentativen Umfragen und Erfahrungsberichten bezüglich der integrierten Nutzung von SOA in BI.

Literaturverzeichnis

Becker, J., Niehaves, B., & Knackstedt, R. (2004). Bezugsrahmen zur epistemologischen

    Positionierung der Referenzmodellierung. In *Referenzmodellierung* (S. 1-17).

Besemer, D. (2007). Getting Started Now on SOA for BI. *DM Review, 17*(5), 26-37. doi:Article

Büchner, H., Zschau, O., Traub, D., & Zahradka, R. (2001). *Web Content Management. Websites*

    professionell betreiben. Galileo Press.

Chapman, P., Clinton, J., Kerber, R., Khabaza, T., Reinartz, T., Shearer, C., & Wirth, R. (2000).

    CRISP-DM 1.0: Step-by-Step Data Mining Guide.

Frank, W., & Baier, A. (2006). Business Intelligence in SOA: Das Zusammenspiel von SOA- und

    BI-Konzepten - Fachartikel - Publikationen - itemis AG. *Java Magazin,* (11). Abgerufen

    von http://www.itemis.de/itemis-ag/publikationen/fachartikel/language=de/6426/business-

    intelligence-in-soa-das-zusammenspiel-von-soa-und-bi-konzepten

Gluchowski, P. (2001). Business Intelligence - Konzepte, Technologien und Einsatzbereiche. *HMD*

    Praxis der Wirtschaftsinformatik, 222, 5-15.

Gluchowski, P. (2006). *Analytische Informationssysteme.* Springer.

Greene, R. M. (1966). *Business intelligence and espionage* (1. Aufl.). Dow Jones-Irwin.

Hanniman, J. (2008). The importance of SOA for BI. *Network World, 25*(23), 25.

Heinrich, L. J., Heinzl, A., & Roithmayr, F. (2007). *Wirtschaftsinformatik: Einführung und*

    Grundlegung (3. Aufl.). Oldenbourg.

Hippner, H., & Wilde, K. D. (Hrsg.). (2006). *Grundlagen des CRM.* Wiesbaden: Gabler. Abgerufen

von http://www.springerlink.com/index/10.1007/978-3-8349-9080-8

Hulford, P. (2006). Why SOA is Important to Your BI Solutions. *DM Review, 16*(4), 34-36.

Hummeltenberg, W. (2009). Business Intelligence — Enzyklopaedie der Wirtschaftsinformatik. *Enzyklopaedie der Wirtschaftsinformatik.* Abgerufen März 22, 2010, von http://www.enzyklopaedie-der-wirtschaftsinformatik.de/wi-enzyklopaedie/lexikon/daten-wissen/Business-Intelligence/index.html/?searchterm=business%20intelligence

Inmon, W. H. (1996). *Building the data warehouse.* Wiley.

Josuttis, N. (2008). *SOA in der Praxis: System-Design für verteilte Geschäftsprozesse* (1. Aufl.). Dpunkt Verlag.

Kemper, H., & Baars, H. (2007). *Business Intelligence - Arbeits- und Übungsbuch.* Vieweg+Teubner Verlag.

Kemper, H., Mehanna, W., & Unger, C. (2004). *Business Intelligence - Grundlagen und practische Anwendungen.* Vieweg+Teubner Verlag.

Liebhart, D. (2007). *SOA goes real: Service-orientierte Architekturen erfolgreich planen und einführen* (1. Aufl.). Hanser Fachbuchverlag.

Luhn, H. P. (1958). A Business Intelligence System. Abgerufen März 22, 2010, von http://domino.research.ibm.com/tchjr/journalindex.nsf/0/fc097c29158e395f85256bfa00683d4c?OpenDocument

Mertens, P. (2002). *Business Intelligence - ein Überblick.* Universität Erlangen-Nürnberg. Abgerufen von http://www.wi1-mertens.wiso.uni-erlangen.de/veroeffentlichungen/suche.php?typ=arbeitsberichtwii&order1=autoren&ascdescl=asc&order2=titel&ascdesc2=asc

Osarek, J. (2007). *Was bedeutet SOA für BI? Was bedeutet SOA für Business Intelligence?* ITS-
    People.

Philippi, J. (2006). Analysten-Kolumne: SOA trifft auf BI - CIO.de. Abgerufen März 25, 2010, von
    http://www.cio.de/knowledgecenter/bi/828707/index2.html

Reising, J. (2007). *Business Benefits Of SOA –*
    Eine kritische Betrachtung.

Stähler, D., Meier, I., Scheuch, R., Schmülling, C., & Somssich, D. (2009). *Enterprise Architecture,*
    BPM und SOA für Business-Analysten. Leitfaden für die Praxis. Hanser Fachbuch.

Starke, G., & Tilkov, S. (2007). *SOA-Expertenwissen: Methoden, Konzepte und Praxis*
    serviceorientierter Architekturen (1. Aufl.). Dpunkt Verlag.

Wu, L., Barash, G., & Bartolini, C. (2007). A Service-oriented Architecture for Business
    Intelligence. In *Service-Oriented Computing and Applications, 2007. SOCA '07. IEEE*
    International Conference on (S. 279 -285).

Dokument Nr. V171753
http://www.grin.com/
ISBN 978-3-640-91271-1